Jérémie Gladiateur

Jérémie a onze ans. Après le divorce de ses parents, sa mère et lui quittent Lyon et s'installent en Provence.

Aujourd'hui, Jérémie est très nerveux. C'est son premier jour au collège.

A l'école primaire, Jérémie n'était pas un brillant élève.

2

Le premier cours est un cours d'histoire. Le professeur annonce:

– Aujourd'hui, c'est les Romains. Nous sommes ici en Provence ... en Provence ... Alors, qui est-ce qui sait quelque chose sur les Romains?

Jérémie lève le doigt.

– Monsieur, à l'époque romaine, il y avait des gladiateurs.

– Très bien, très bien. Comment le sais-tu?

– Monsieur, j'ai un jeu vidéo. Ça s'appelle 'Rome: Combats de Gladiateurs'. C'est vraiment bien!

Les élèves rient. Le professeur ne rit pas.

– Merci. Malheureusement, c'est un cours d'histoire et non pas un cours de jeux vidéo!

Jérémie rougit. Il ne répond pas.

Le professeur fait son cours. Les élèves prennent des notes.

– Les Romains arrivent dans notre pays en 272 avant Jésus-Christ. Ils appellent cette région Provincia Romana, la Province Romaine, vous comprenez? En français, la Provence.

Jérémie regarde par la fenêtre. Il n'écoute plus le professeur. Il pense à Lyon, aux gladiateurs, à son jeu vidéo.

Ce soir-là, Jérémie regarde la télévision. Sa mère lui demande:

– Tu n'as pas de devoirs, Jérémie?

Jérémie hésite. Il n'est pas très sûr ... Ah, oui, zut! Il y a des devoirs d'histoire!

La mère de Jérémie remarque cette hésitation.

– Allez, tu éteins la télé, tu montes dans ta chambre et tu fais tes devoirs!

Jérémie monte dans sa chambre. Il n'est pas du tout content. Il sort son livre d'histoire et commence à lire le chapitre sur les Romains. Difficile de se concentrer. Bientôt, il dort.

Dans la nuit, Jérémie rêve. Il rêve du collège, de son professeur d'histoire-géographie, de son jeu vidéo. Jérémie est gladiateur. Et son adversaire? C'est son professeur d'histoire-géo! Son prof est sur le point de remporter la victoire, quand Jérémie se réveille. Ouf! Quel soulagement!

Jérémie a soif. Il descend dans la cuisine chercher un verre d'eau.

Soudain, il entend des cris, derrière la maison. Ce n'est pas normal. Il regarde au travers des volets fermés. Dans la cour, une forme presque transparente attaque un adversaire invisible. C'est un jeune gladiateur!

Jérémie ouvre la porte. Mais la forme a disparu.

Le lendemain, au collège, la classe de Jérémie fait un petit test sur le premier chapitre sur les Romains. Jérémie a un zéro.

– Ce n'est pas un effort très brillant, dit le professeur. Trop de jeux vidéo, peut-être. Les élèves rient.

Ce soir-là, Jérémie joue dans la cour. Il joue tout seul. Avec son ballon de foot, il fait des dribbles terribles. Soudain, il glisse et tombe par terre. Il tombe sur un petit objet métallique.

– Aïe!! crie Jérémie, ça fait mal! Son genou saigne. Par terre, il trouve un petit objet métallique. Il regarde l'objet.

C'est une sorte de broche. Jérémie met l'objet dans sa poche et rentre dans la maison.

La mère de Jérémie est inquiète.

– Mais tu t'es fait mal au genou! dit-t-elle.

Je suis tombé dans la cour. Je me suis fait mal. Ça saigne, tu vois? Je suis tombé sur ce machin.

– Quel machin?

Jérémie montre l'objet métallique à sa mère. Elle dit:

– C'est dangereux. Tu vas jeter cela!

Mais Jérémie ne jette pas l'objet. Il le met sous son oreiller. Il n'est pas sûr, mais il a l'impression que l'objet mystérieux appartient au jeune gladiateur. Il prend son livre d'histoire et cherche les pages sur les gladiateurs. Il regarde attentivement les images. Il s'endort en lisant son livre d'histoire.

Jérémie rêve de nouveau. C'est encore une fois un combat de gladiateurs. Son adversaire est un gladiateur du livre. Il a un filet dans une main et un poignard dans l'autre. L'adversaire prend Jérémie dans le filet. Il a mal au genou et ça saigne.

Jérémie se réveille. Ouf! Quel soulagement! Il n'y a pas de gladiateur. Et le filet? C'est sa couette, tout simplement.

Mais les cris … les cris sont réels. Jérémie regarde au travers des volets fermés. Au clair de lune, il voit une forme; c'est visiblement un jeune gladiateur qui s'entraîne. Il avance et il recule, un filet à la main. Jérémie ouvre les volets … mais le jeune gladiateur a disparu.

Le mystère s'approfondit.

8

Deux jours plus tard, Jérémie rêve de nouveau. Il ouvre les yeux mais il ne se réveille pas. Il descend lentement dans la cour. Il avance et il recule, un filet imaginaire dans une main, un poignard dans l'autre. Maintenant, c'est Jérémie le gladiateur. Il crie:

– En garde! En garde!

La mère de Jérémie se réveille. Elle regarde au travers des volets fermés. Et là, au clair de lune, elle voit Jérémie, en pyjama. Il avance et il recule en criant 'en garde!'. Sa mère descend vite dans la cour. Elle jette une couverture sur les épaules de Jérémie.

– Mon pauvre Jérémie, tu as fait un cauchemar. Viens te coucher.

Et sans répondre, Jérémie remonte dans sa chambre.

Le lendemain, au collège, Jérémie est en étude.

Il a des devoirs d'anglais, mais il fait un dessin ... un dessin de gladiateur. Il se concentre bien.

Son voisin, Etienne Leclerc, lui demande:

– Qu'est-ce que tu fais?

– Je dessine.

– Qu'est-ce que tu dessines?

– Des gladiateurs.

– Fais voir.

Jérémie passe son cahier à Etienne.

– Mais c'est bien! Tu copies cette image?

– Non.

– Comment, non? Tu ne copies pas? Comment tu fais, alors?

– C'est une question de mémoire.

– De mémoire? Tu as vu des gladiateurs, toi?

– Oui.

– Quoi?!

Etienne Leclerc pouffe de rire.

Le surveillant demande:

– Alors, Leclerc, tu as un problème?

– Ce n'est pas moi, monsieur, c'est Jérémie!

– Alors, Leclerc, tu veux bien partager la plaisanterie avec la classe? dit le surveillant avec sarcasme.

– C'est que Jérémie dit qu'il a vu des gladiateurs!

Toute la classe pouffe de rire.

– Silence! crie le surveillant. Il se tourne vers Jérémie:

– Tu as vu des gladiateurs? Où cela?

– Chez moi, monsieur.

– Chez toi?

– Oui, monsieur, dit Etienne, chez lui. C'est qu'il a un jeu vidéo. Ça s'appelle 'Rome: Combats de Gladiateurs.'

– C'est vrai?

– Oui, monsieur, dit Jérémie.

– Alors, la classe, on va laisser les gladiateurs – électroniques ou autres – et au travail!

Les élèves travaillent. Le silence règne.

Après l'école, les élèves de sa classe se moquent de Jérémie.

– Jérémie voit des fantômes! Jérémie connaît des gladiateurs!

Jérémie rentre à la maison en courant. Il pleure.

– Mais Jérémie, dit sa mère, qu'est-ce que tu as?

Jérémie ne parle pas de gladiateurs, il ne parle pas de ses problèmes au collège. Il ne dit rien.

Sa mère passe la main sur le front de Jérémie.

– Tu as de la fièvre. Allez, Jérémie, au lit! Je vais appeler le docteur.

Jérémie se couche. Le docteur arrive. Il passe la main sur le front de Jérémie.

– Oui, mon petit, tu as de la fièvre. Je prends ta température.

– Oui, madame, il a de la fièvre – 38 degrés.

La mère de Jérémie dit:

– Vous savez, docteur, c'est très mystérieux. Il fait des rêves étranges. Il semble se prendre pour un gladiateur!

– Oh, vous savez, madame ... je pense qu'il est stressé, votre fils. Il a changé de ville, il a changé d'école, et puis, vous avez divorcé, n'est-ce pas? Ne vous inquiétez pas, madame. Un peu de repos, et ...

Le docteur se tourne vers Jérémie.

– Allez, mon petit, tu vas être plus confortable comme cela. Le docteur arrange les oreillers de Jérémie.

– Aïe! crie le docteur. Il s'est fait mal au doigt. Ça saigne. Il sort un petit objet métallique d'en-dessous de l'oreiller.

– Tiens! dit le docteur, vous savez ce que c'est? C'est une agrafe romaine. On en trouve de temps en temps dans la région. Cela fait partie de l'armure d'un gladiateur ...

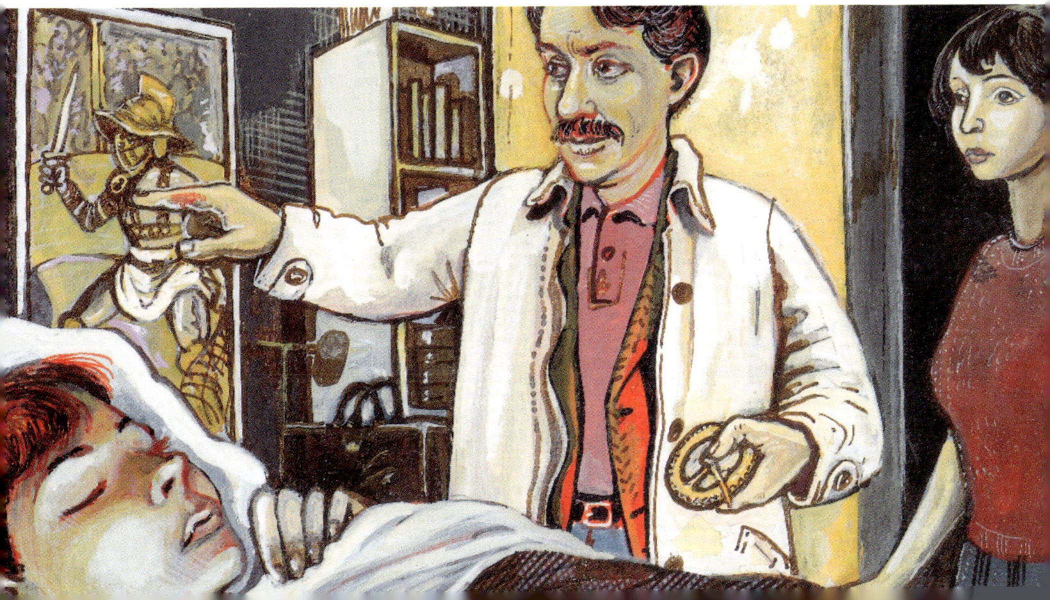

Activités

1. Tourne à la page 5. Il y a seulement une illustration. Dessine deux ou trois autres illustrations pour la même page. Ecris un slogan pour chaque illustration.

2. Chiffres Romains.
Comment écrit-on en chiffres normaux (c'est-à-dire chiffres arabes!):
IV IX L IC MLVI?

Et la date de ton anniversaire?
La mienne est le II, II, MDCCCCXXXVI!!

3. Ecris un article sur le mystère pour un journal local.
Exemple:
Découverte Romaine!
Un jeune garçon a trouvé une agrafe romaine dans le jardin …
Continue l'histoire.

Vocabulaire

Page 1

premier — first
le collège — secondary school

Page 3

un cours — lesson
savoir (sais, sait) — to know
lève le doigt — puts his hand up
l'époque (f) — era, age
rient — they laugh
malheureusement — unfortunately
rougit — blushes
notre pays — our country
avant Jesus-Christ — BC
n'écoute plus — he is not listening anymore
pense à — thinks about

Page 4

ce soir — that evening
remarque — notices
éteins — puts out, turns off
pas du tout content — not at all happy
sort — goes out
lire — to read
dort — sleeps (dormir)
rêve — dreams
un adversaire — an opponent, adversary
sur le point de — about to
remporter la victoire — to win
se réveille — wakes up
quel soulagement! — what a relief!
chercher — to get, to look for
soudain — suddenly
entend — hears
derrière — behind
au travers de — through
les volets (m) — shutters
fermés — shut, closed
la cour — yard
presque — nearly
a disparu — has disappeared
le lendemain — the next day

Page 7

tout seul — on his own
terrible(s) — fantastic
glisse — slips
tombe — falls
par terre — on the ground
ça fait mal — that hurts
saigne — is bleeding
une broche — a brooch
met — puts
inquiète — anxious, worried
un machin — a whatsit, thingummy
jeter — to throw (away)
sous — under(neath)
un oreiller — pillow
appartient à — belongs to
s'endort — goes to sleep

Page 8

de nouveau — again
encore une fois — (once) again
un filet — net
un poignard — dagger
une couette — duvet
au clair de lune — by moonlight
s'entraîne — trains
recule — backs away
s'approfondit — deepens
lentement — slowly
descendre — to go down

une couverture	a blanket
un cauchemar	a nightmare
sans répondre	without answering

Page 11

en étude	in a study period
un voisin	neighbour
fais voir	show
pouffe de rire	burst out laughing
le surveillant	person in charge
partager la plaisanterie	to share a joke

Page 12

se tourne vers	turns towards
chez moi (toi, lui)	at my (your, his) house
vrai	true
laisser	to leave
au travail!	get down to work!
se moquent	make fun of
un fantôme	ghost
connaît	knows
rentre en courant	runs home
pleure	cries
rien	nothing
passe la main sur le front	feels his forehead
de la fièvre	high temperature

Page 13

mon petit	little fellow, young man
se prendre pour	to think he's ...
le repos	rest
d'en-dessous de	from under
une agrafe	a fastener, clip
l'armure (f)	armour

Thomas Nelson & Sons Ltd
Nelson House Mayfield Road
Walton-on-Thames Surrey
KT12 5PL UK

Nelson Blackie
Wester Cleddens Road
Bishopbriggs
G64 2NZ UK

Thomas Nelson Australia
102 Dodds Street
South Melbourne
Victoria 3205 Australia

Nelson Canada
1120 Birchmont Road
Scarborough Ontario
M1K 5G4 Canada

First published by
Thomas Nelson and Sons Ltd 1995

I(T)P Thomas Nelson is an
International Thomson Publishing Company
I(T)P is used under licence

ISBN 0-17-440001-2
NPN 9 8 7 6 5 4 3 2 1

Printed in Hong Kong

Illustrated by Chris Price

CONTENTS

What to Do

Choose a face

Remember the colour you have chosen.

When you see your face on the page, you are the LEADER.

The LEADER reads the text in the speech bubbles.

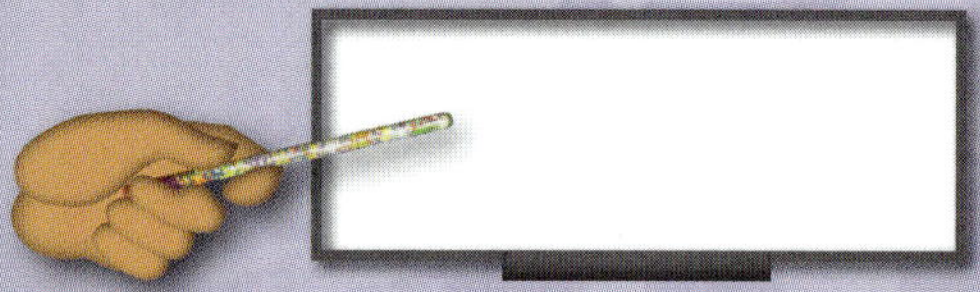

There are extra words and questions to help you on the teacher's whiteboard. The LEADER reads these aloud.

When you see this stop sign, the LEADER reads it aloud.

You might need:

- to look at the WORD HELP on pages 20–22;
- to look at the LOCATION HELP on page 23;
- an atlas.

If you are the **LEADER**, follow these steps:

1 PREDICT

Think about what is on the page.

- Say to your group:

"I am looking at this page and I think it is going to be about..."

- Tell your group:

"Read the page to yourselves."

2 CLARIFY

Talk about words and their meaning.

- Say to your group:

"Are there any words you don't know?"

"Is there anything else on the page you didn't understand?"

- Talk about the words and their meanings with your group.
- Read the whiteboard.

- Ask your group to find the LET'S CHECK word in the WORD HELP on pages 20–22. Ask them to read the meaning of the word aloud.

3 ASK QUESTIONS

Talk about how to find out more.

- Say to your group:

"Who has a question about what we have read?"

- Question starters are: how..., why..., when..., where..., what..., who...
- Read the question on the whiteboard and talk about it with your group.

4 SUMMARISE

Think about who and what the story was mainly about.

When you get to pages 16–17, you can talk to a partner or write and draw on your own.

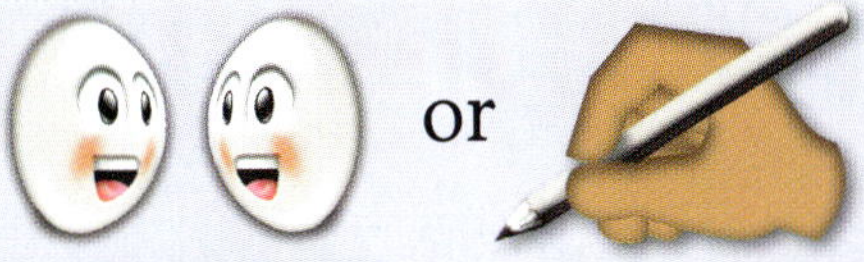

A Clown in Space

I am looking at this page and I think it is going to be about... because...

People go to **amazing** places all over the world for holidays. But people don't usually go to space for a holiday. It would be much too **expensive**.

Guy Laliberté, however, always wanted to have a holiday in space. He worked in a circus in Canada and he made a lot of money. He could pay millions of dollars to make his dream come true.

Are there any words you don't know?

Let's check: expensive

Who has a question about what we have read?

Why do you think space holidays would be very expensive?

Guy Laliberté dreamed of a holiday in space.

STOP

My predictions were right/wrong because . . .

This page was mainly about

fact

fact

Getting Ready for Space

I am looking at this page and I think it is going to be about… because…

Before Guy could go to space, he had to get his body ready. He had to be very fit. When a person goes into space, the **gravity** changes. Guy had to be ready for the change in gravity.

A machine spun Guy round and round until he felt sick. He also had to run in a small room that did not have much **oxygen**. It was like being on top of a high mountain.

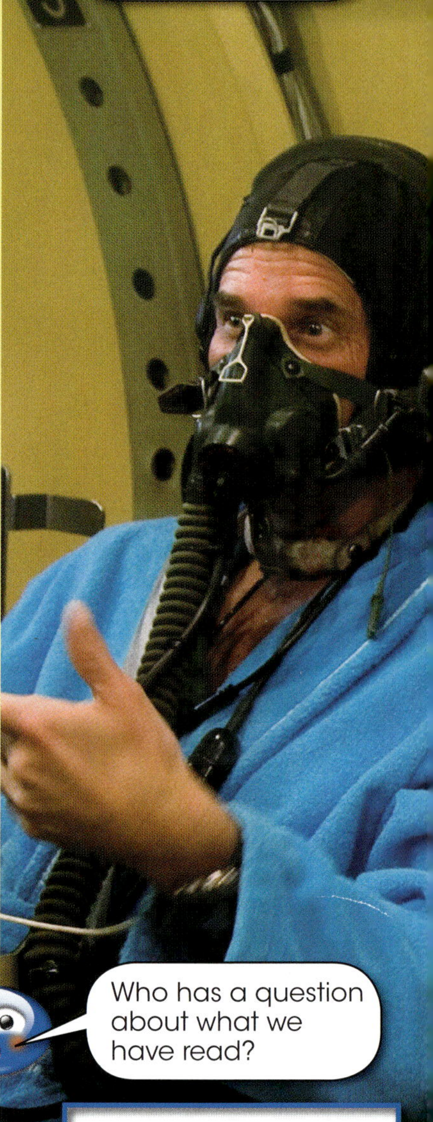

Are there any words you don't know?

Let's check: gravity

Who has a question about what we have read?

Why do you think Guy had to be fit to go to space?

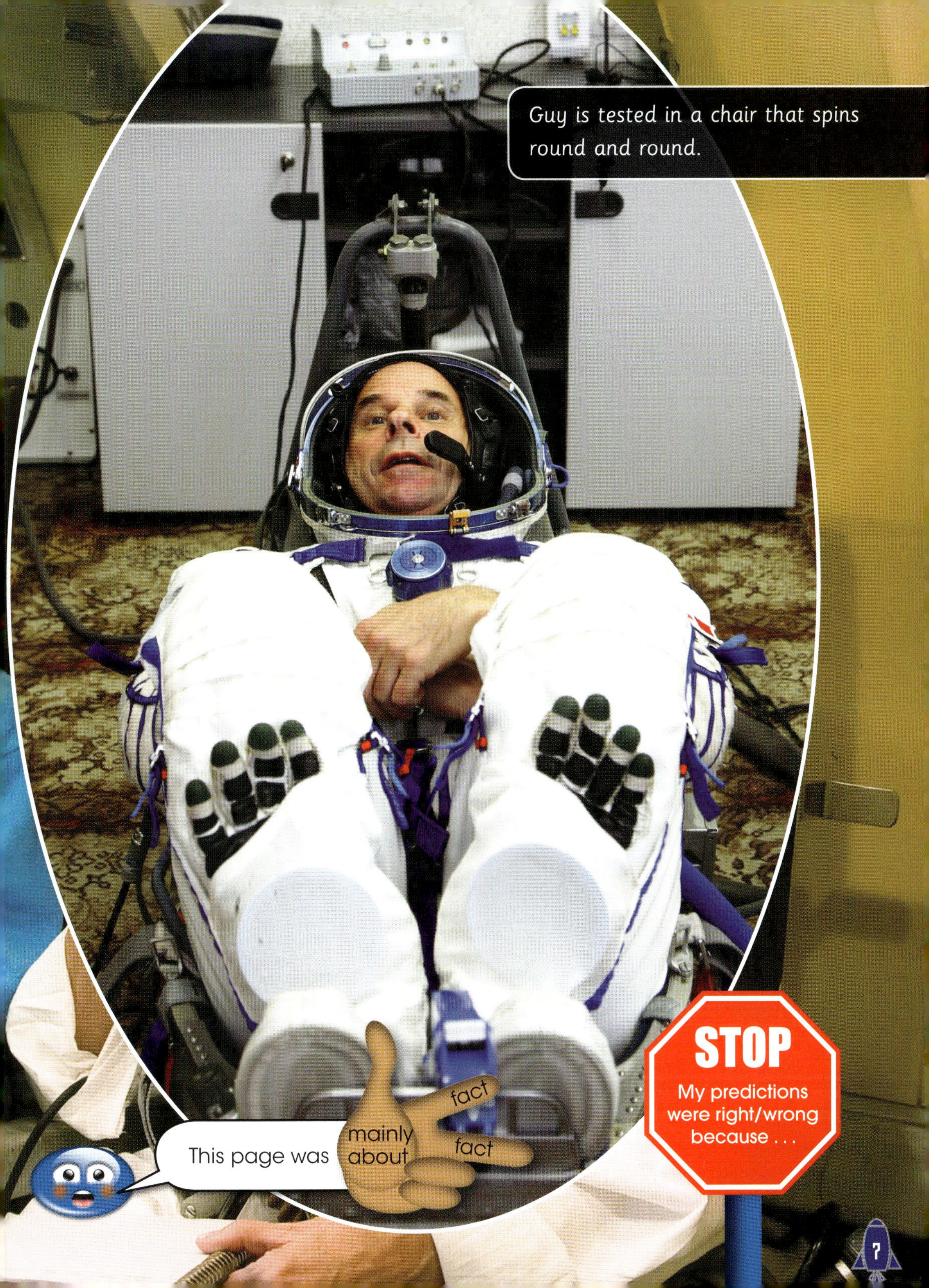

Guy is tested in a chair that spins round and round.

STOP
My predictions were right/wrong because . . .

This page was mainly about fact fact

Blast Off!

I am looking at this page and I think it is going to be about… because...

Guy's training took months. When he was finally ready, he went to the **launchpad**. He put on his clown nose and climbed into the **hatch** with two other **astronauts**.

Guy's family and friends were worried about him, and they watched the screens carefully. When the rocket reached **orbit** safely, everyone cheered.

Are there any words you don't know?

Let's check: orbit

Who has a question about what we have read?

Why do you think Guy's family and friends were worried about him?

Guy's family watches the ***screens*** *as the rocket takes off.*

A Clown on the Space Station

I am looking at this page and I think it is going to be about… because…

Guy stayed on a **space station**. He brought clown noses for all of the space station **crew**. But he knew that space is a dangerous place and that he couldn't be too silly.

In space, there is almost no gravity. Guy had to learn different ways to eat, drink and use the toilet. He also had to learn what to do in an **emergency**.

Are there any words you don't know?

Let's check: docking

Who has a question about what we have read?

Why do you think the photo of Guy waving is fuzzy?

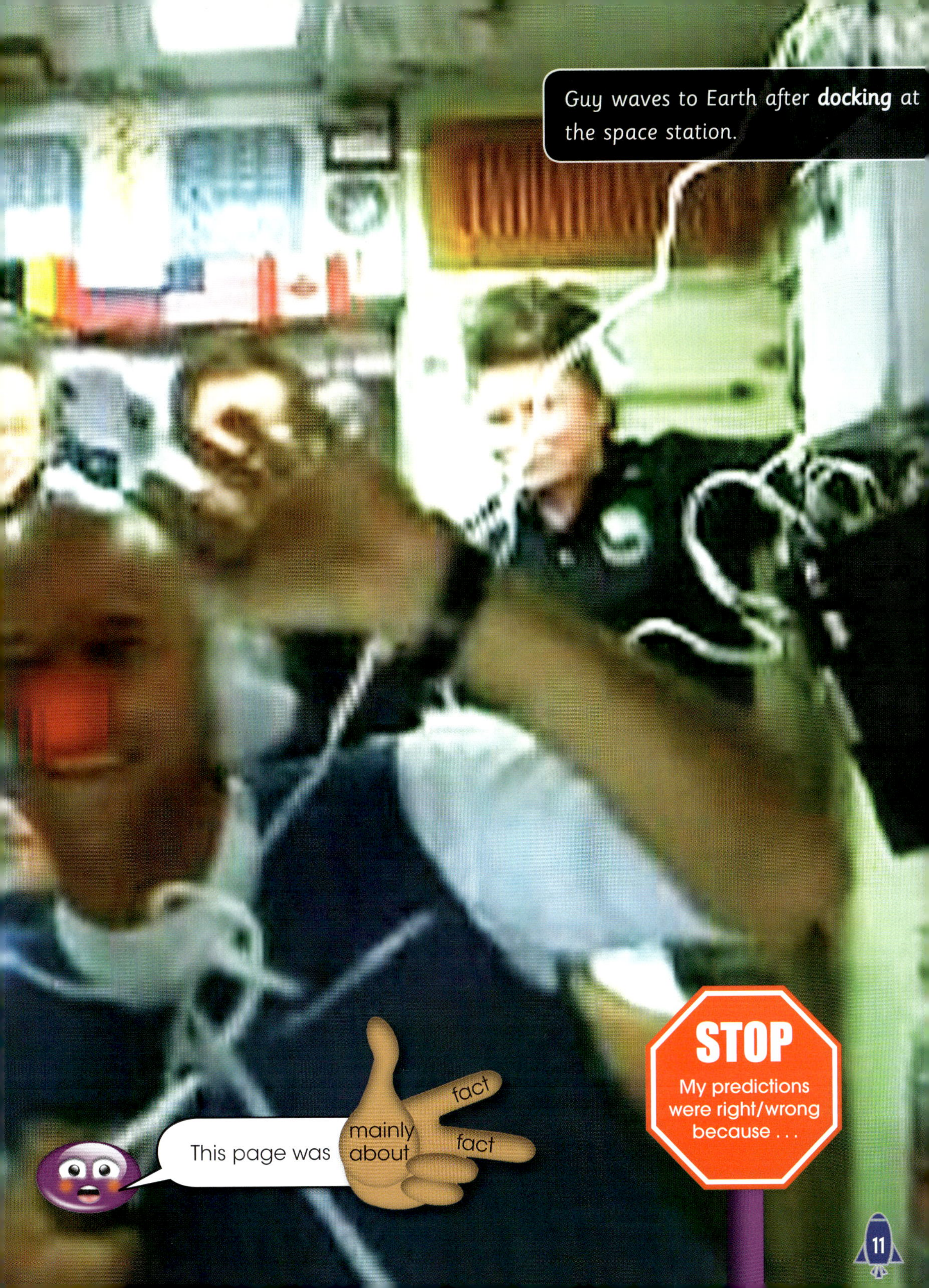

Guy waves to Earth after **docking** at the space station.

STOP
My predictions were right/wrong because . . .

This page was mainly about
fact
fact

Our Beautiful Earth

I am looking at this page and I think it is going to be about... because...

One thing Guy loved was looking at Earth from space. It looked so beautiful. Guy wanted to send a message from space. He wanted people to remember to take care of Earth. He also wanted people to think about how important clean water is for everyone on Earth.

Guy put on a **special** show for the workers at the space station. He wanted to thank them for all they did.

Are there any words you don't know?

Let's check: special

Who has a question about what we have read?

How do you think people should take care of Earth?

Guy talks live from the space station in his 'Moving Stars and Earth for Water' show.

Earth as seen from the space station

This page was mainly about

fact

fact

STOP

My predictions were right/wrong because . . .

Space Holidays in the Future

Guy's space holiday lasted for nine days. When he got back to Earth, he was still wearing his red nose.

One day, more people may go on space holidays. Scientists are working on ideas. There could be a **spacecraft** for short trips. Then people could see Earth, the moon and stars from space. Or there could be a special hotel that orbits Earth!

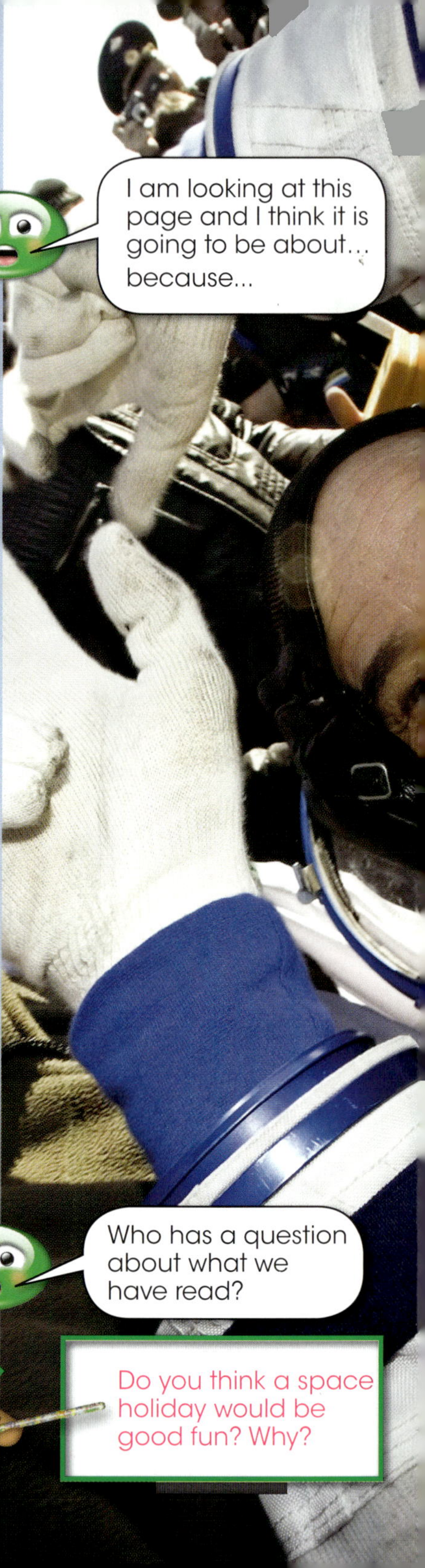

I am looking at this page and I think it is going to be about... because...

Are there any words you don't know?

Let's check: landing pod

Who has a question about what we have read?

Do you think a space holiday would be good fun? Why?

Guy is helped out of the **landing pod**.

This page was mainly about fact fact

STOP

My predictions were right/wrong because . . .

Something to Think About

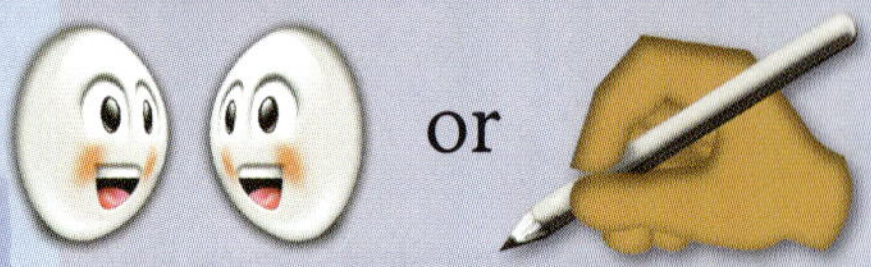

Think about what a holiday in space might be like. Think about your usual holiday. What would be different about the two holidays? What would be the same? Talk about your ideas with a partner, or write them down.

What is the same?
Your usual holiday

Do You Need to Find an Answer?

You could go to . . .

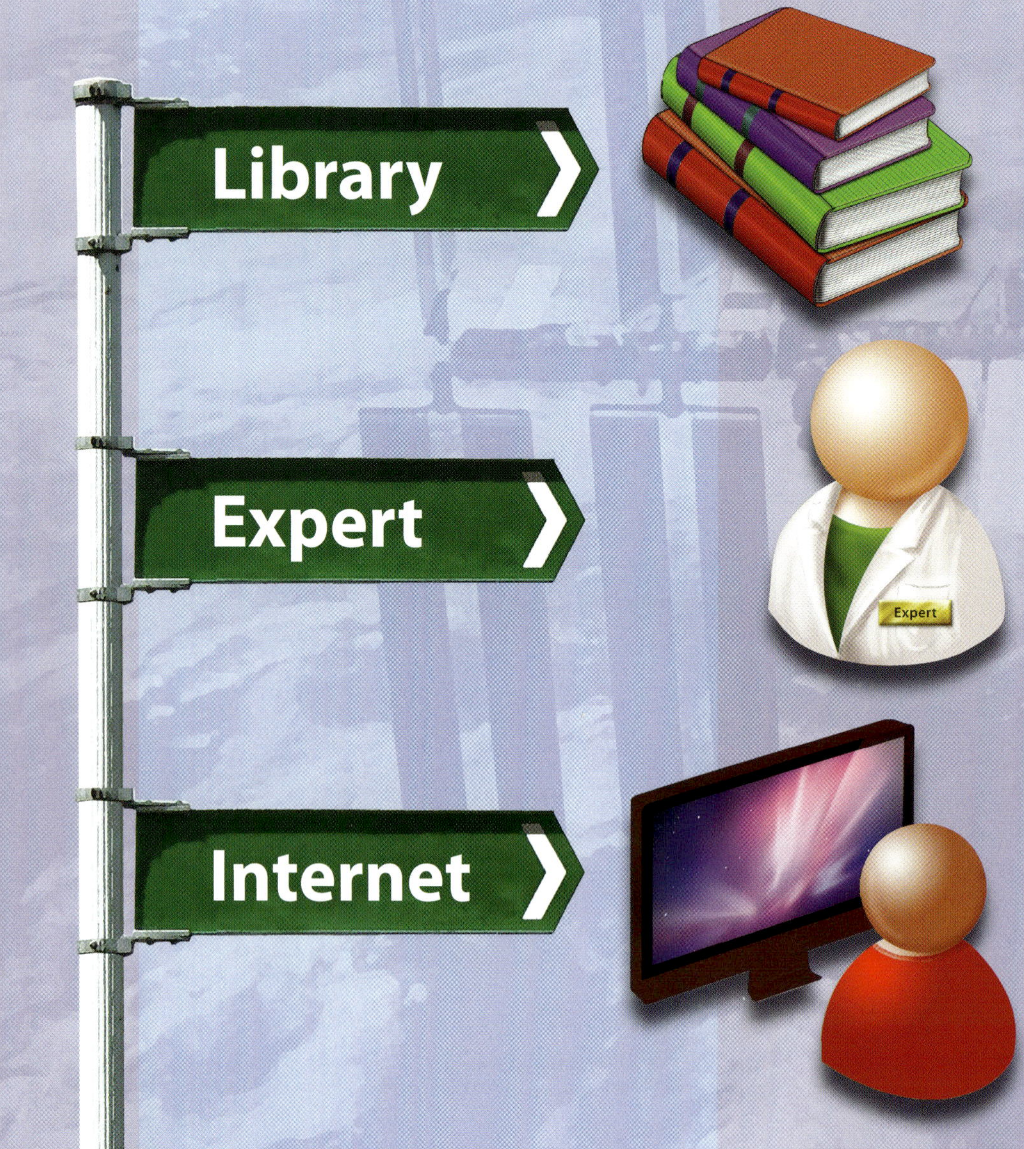

Do You Want to Find Out More?

You could look in books or on the internet. These key words could help you:

- Cirque du Soleil
- force of gravity
- Guy Laliberté
- International Space Station
- Poetic Social Mission
- space holidays

Word Help

Dictionary

amazing	exciting, wonderful
astronauts	people who go into space
crew	the team who works on a spacecraft, boat or aeroplane
docking	steering a spacecraft into a landing place on another spacecraft
emergency	something very dangerous that happens suddenly
expensive	costing a lot of money
gravity	a force that pulls everything towards Earth
hatch	a small door cut into the floor or ceiling of spacecraft, boats and aeroplanes
landing pod	a cone-shaped part of the spacecraft that separates for landing on Earth

launchpad	place where a spaceship takes off
orbit	the path in space of something moving around the sun or a planet
oxygen	a gas in the air that people breathe to stay alive
screens	flat surfaces on computers or televisions
spacecraft	a machine created to travel in space
space station	a place built by people so that astronauts can live in space for a long time
special	does not happen very often, unusual

Word Help

Thesaurus

cheered	shouted
crew	team
fit	healthy, well
spun	turned, twisted

Location Help

Where Did Guy Take off?

Index